Vesna Sucurovska
« Vesnitcheka n°6 »

« Le Poids des Centimes «

I0422324

Contrairement aux apparences,
plus on a de l'argent, plus on
le dépense, donc la Vrai Valeur,
est dans le Poids des Centimes.

1/ Un centime, ça a plus de valeur,
que cent euros.

La preuve, est dans l'utilité extrême,
de sa dépense.

2/ De plus, on garde plus facilement, des centimes, en générale, que des billets.

3/ L'argent n'a que le poids, qu'on
veut bien lui, accorder.

4/ Si t'accorde trop d'importance,
à ce qui n'en a que relativement,
tu ne comprendra, jamais, rien.

5/ Si tu t'imagine des irréalités
des matières, les matières, seront
inutiles.

6/ Ta course vers l'aveuglement,
tu la conceptualise comment ?

7/ Il faudrait un gros plan sur
un centime, pour comprendre,
combien en faudrait il, pour
matérialiser les besoins, utiles,
des gens.

8/ Si, on faisait une Tour de Cristal, avec des Centimes, on saurait leur Véritable Valeur.

9/ Connaît on, les devoirs et les obligations,
vis à vis des centimes ?

10/ Les centimes de francs, qui me donnaient des swingum, je les avait en tendresse, on ne croulait pas sous le poids inutile, de quelques pièces, qui ne coûtent rien à personne, absolument personne, comme les euros.

Cela doit signifier, je suppose, que l'argent ne sert à rien, pour personne, alors, pourquoi le garder ?

11/ Quand l'argent ne sert à rien,
c'est qu'on a changé d'Époque.

12/ Alors, quelle Époque construisez vous ?

Cela n'est pas évident pour tous.

13/ Est ce qu'on est dans la frivolité,
ou bien le bon sens ?

14/ Si la technologie se veut
« fondée », qu'en est il pour
les humains ?

15/ Relisez mes Vladitches et mes Vesnitcheka, je vous ai donné beaucoup de réponses.

16/ L'argent ne se mange pas,
on le sait, donc, il y aura,
certainement, des mesures sociales,
plus adaptées au passage de la
Nouvelle Ere.

17/ L'argent ne peut « glorifier
que lui même ! »

18/ Les humains se doivent
d'être encore plus humains,
avec encore plus de conscience,
vis à vis de l'argent, dorénavant.

19/ Les économies en billets,
en carte, ou bien en or, ne
sont rien de plus
« qu'un concept ».

Finalement, l'argent a été le
seul lien social, durant des
siècles.

Il y a des contraintes, qui ne
le seront plus, logiquement,
si les gens veulent réellement,
une Nouvelle Ere, ce qui
n'est pas spécialement le cas,
du tout.